LOS SIETE PRECEPTOS
DE NOÉ

Todo ser humano, no judío, que cumpla con estos preceptos revelados a Noé, es considerado un Justo Gentil, y tiene asegurado un lugar en el mundo venidero, el *Olam Habá*, la recompensa final de los justos.

1. No idolatrar
2. No blasfemar
3. No cometer pecados sexuales
4. No robar
5. No asesinar
6. No consumir carne de un animal vivo
7. Establecer jueces para el cumplimiento de las leyes

1. <u>No adorar a ídolos</u>

- No se debe servir figura alguna. Quien realiza idolatría es culpable de esta transgresión hasta aún tras retractarse.

- Esta transgresión entra en vigor una vez se hace efectivo el acto de idolatrar al ídolo tal y como otros idólatras lo hacen.

- No se debe interactuar con la idolatría, ya sea mediante el lenguaje, la lectura o el palpar.

- Se considera el morir, por encima de idolatrar.

- Se prohíbe todo aleatorio en relación con un ídolo, tal como alimentos en ofrenda, telas, utensilios varios, vestimentas, inciensos, joyerías,.. Mientras no se haya hecho efectiva la ofrenda, todo lo mencionado está libre de idolatría y no deberá ser desechado.

- Queda prohibido realizar ídolos tallados o imágenes, que otros vayan a usar como objeto de idolatría.

- No está permitido dar a entender que uno es idólatra.

- Es obligación destruir todos los ídolos u objetos usados para la idolatría, incluyendo edificios y posibles beneficios obtenidos de esto. Joyas y dinero serán arrojados al mar.

- En consecuencia del punto anterior, se debe permanecer a más de 2,5 metros de distancia de todo lo proyectado por materia idólatra, ya sea la sombra de un edificio idólatra, olor o cobijo.

- Se prohíbe hacer esculturas o imágenes en tres dimensiones.

- Falsos profetas o personas que inventan recibir mensajes divinos sufrirán la pena capital.

- Prohibido adorar animales o seres humanos como se adora al Creador. Todo beneficio, y toda financiación, obtenido de proveniencia semejante está prohibido aceptarlo.

- Está prohibido adorar a los cuerpos celestes, también montañas y mares.

- Rotundamente prohibido realizar ofrendas a la idolatría.

- Prohibidas todas las formas y variantes de hechicería, adivinación, cartomancia, necromancia y consulta a espíritus.

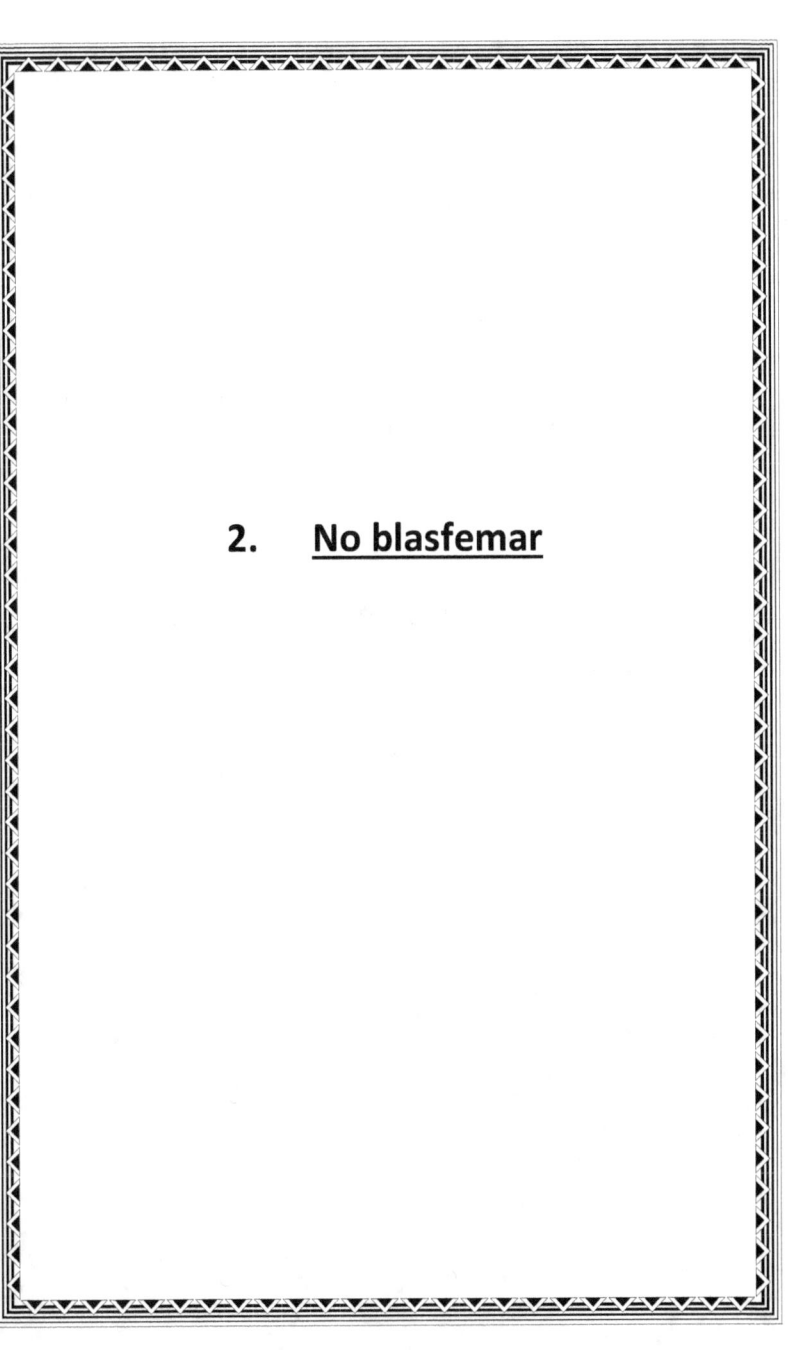

2.   <u>**No blasfemar**</u>

- Mediante la blasfemia se transgreden las siete leyes de Noé, solo con pronunciarla se considera peor que la idolatría.

- Evitar usar términos descriptivos para referirse al Creador, tales como otorgarle forma, olor, color o sexo.

3.   <u>No cometer pecados sexuales</u>

- Están prohibidas las relaciones entre: madre-hijo, padre-hija, tío-sobrina, tía-sobrino, madrastra-hijastro, padrastro-hijastra y hermano-hermana es decir: incestos.

- Prohibido el incesto; padre/hija, madre/hijo, tío/sobrina, tía/sobrino, madrastra/hijastro, padrastro/hijastra y hermano/hermana.

- Se permite la relación con un pariente político tras la muerte del familiar que establece el nexo, incluyendo cuñados y nueras.

- Se prohíben las relaciones homosexuales y lésbicas, el adulterio, la zoofilia, necrofilia, pederastia y prostitución.

- Una pareja se considera unida en matrimonio solo tras haber consumido relaciones íntimas con la finalidad de cumplir con el mandato del propio casamiento.

- El divorcio solo se permite una vez agotadas todas las vías alternativas y sin otra solución.

- Los hijos de Noé, a diferencia de los hijos de Israel, solo están emparentados por vía materna.

- La castración humana y animal está prohibida.

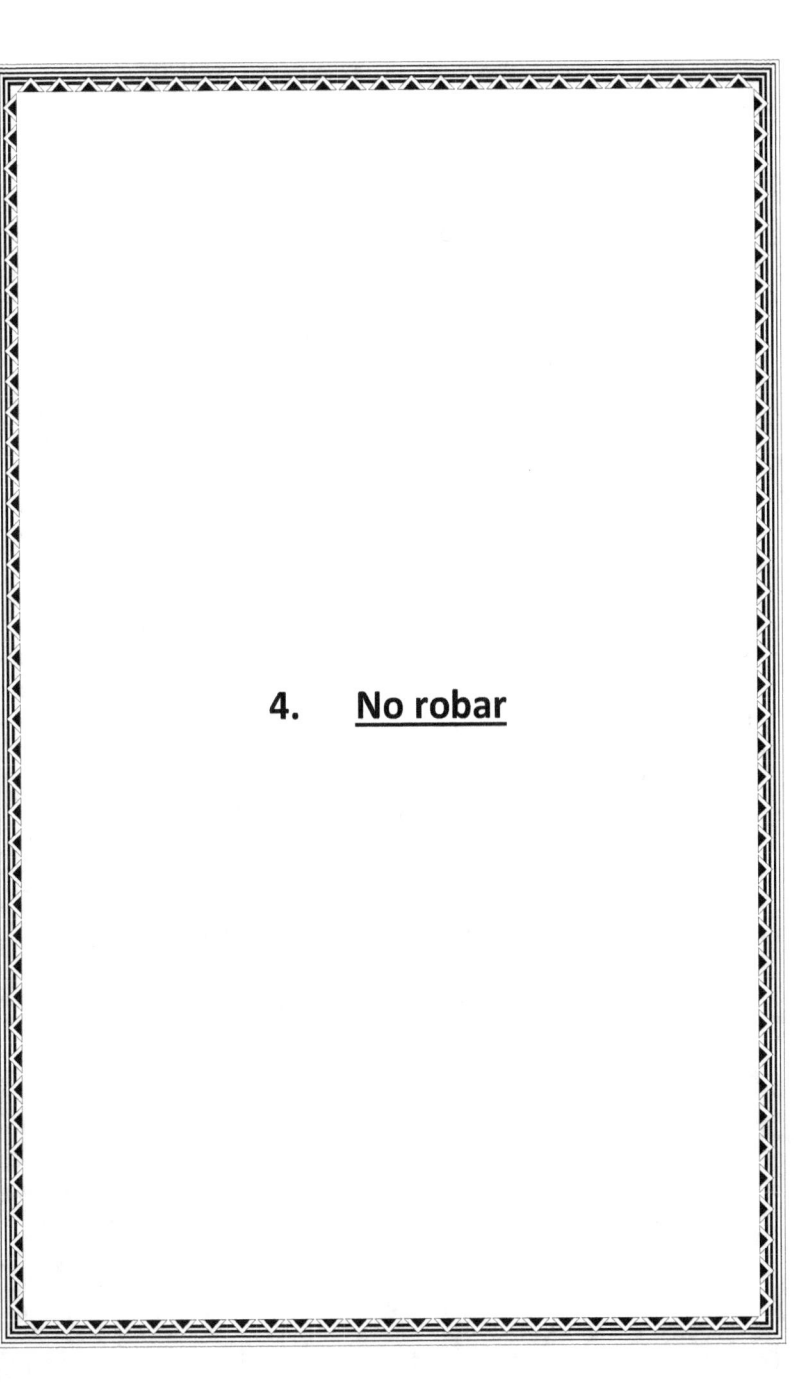

4. <u>**No robar**</u>

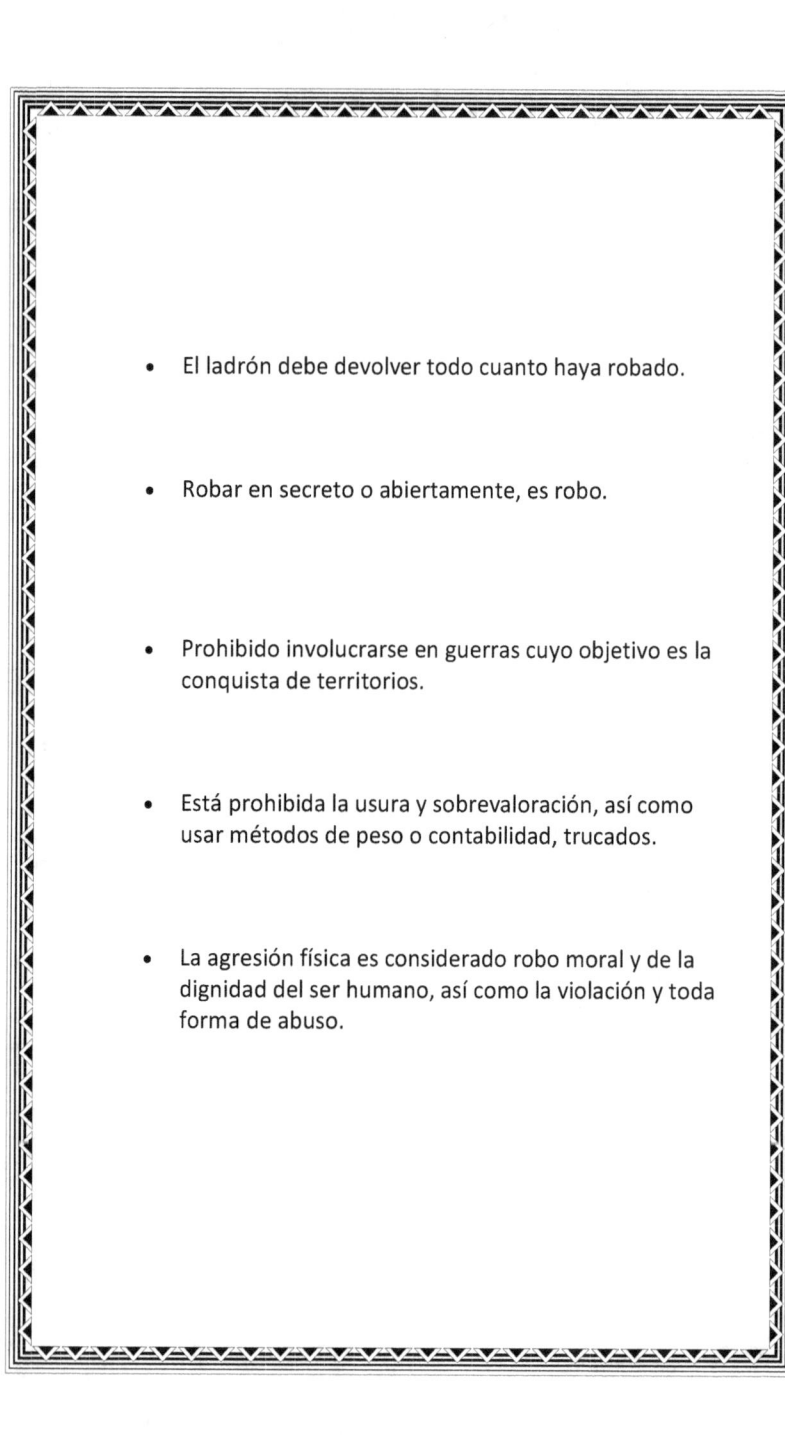

- El ladrón debe devolver todo cuanto haya robado.

- Robar en secreto o abiertamente, es robo.

- Prohibido involucrarse en guerras cuyo objetivo es la conquista de territorios.

- Está prohibida la usura y sobrevaloración, así como usar métodos de peso o contabilidad, trucados.

- La agresión física es considerado robo moral y de la dignidad del ser humano, así como la violación y toda forma de abuso.

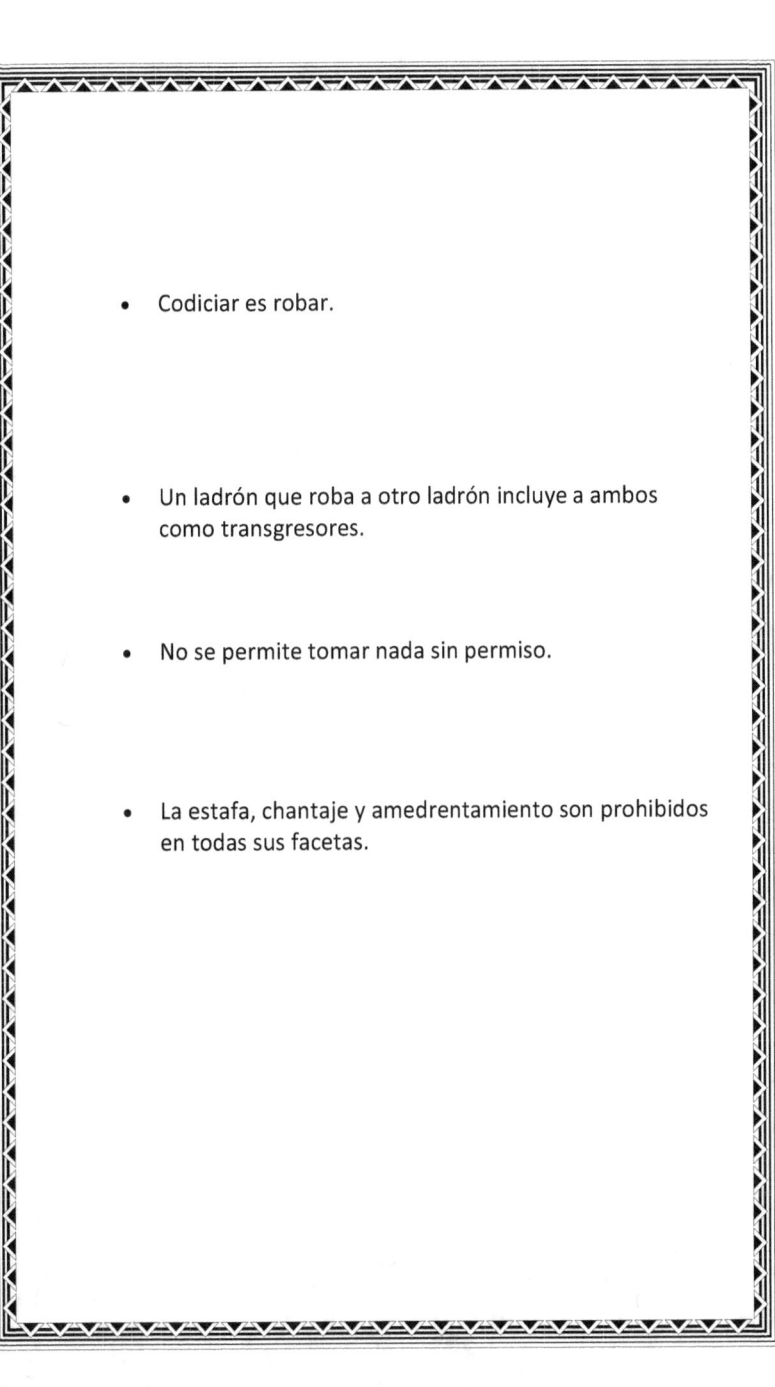

- Codiciar es robar.

- Un ladrón que roba a otro ladrón incluye a ambos como transgresores.

- No se permite tomar nada sin permiso.

- La estafa, chantaje y amedrentamiento son prohibidos en todas sus facetas.

5. <u>No asesinar</u>

- Quien realice aborto o mate a un bebé en el vientre de su madre, recibe la pena capital, a no ser que se cometa bajo riesgo vital de la madre.

- Prohibidos eutanasia y suicidio.

- Proteger a alguien mediante la muerte está prohibido, a no ser que se trate de uno mismo.

- Prohibido contratar a un sicario.

- Prohibido planear un asesinato.

6. <u>No consumir carne de un animal vivo</u>

- Solo se permite comer un animal con fines alimenticios y solo una vez el animal esté sin ningún signo de vida.

- Prohibido ejercer como rapáz.

- No puedes comer animal que haya sido mordido previamente por otro animal.

- Prohibido beber sangre de animal o de otro ser humano.

7. <u>Establecer jueces para implementar el cumplimiento de las leyes</u>

- Las cortes deben actuar en base a las leyes de Noé.

- Bajo castigo en caso negativo, todo Noájida debe establecer en su sociedad esta corte de leyes.

- Solo se puede condenar a personas mentalmente competentes.

- Es preferible llegar a un acuerdo entre litigantes antes de llegar a un tribunal.

- Se admiten en la corte, evidencias circunstanciales.

- Un juez debe ser totalmente imparcial y neutral.

- Todo caso será tratado de forma individual.

- Si una transgresión amerita castigos distintos, se aplicará el castigo mayor.

- Es obligatorio servir como testigo en una corte si así se hace constar como haber atestiguado una transgresión.

- Un transgresor juzgado no puede ser llamado a ser testigo.

- Prohibido atestiguar con rumores.

Quienes no pueden ejercer como testigos en la corte:

- Siervos

- Infantes

- Deficientes mentales

- Sordos, ciegos o mudos

- Transgresores de los siete preceptos

- Allegados al transgresor

- Familiares del transgresor

- Quien obtenga beneficio con atestiguar

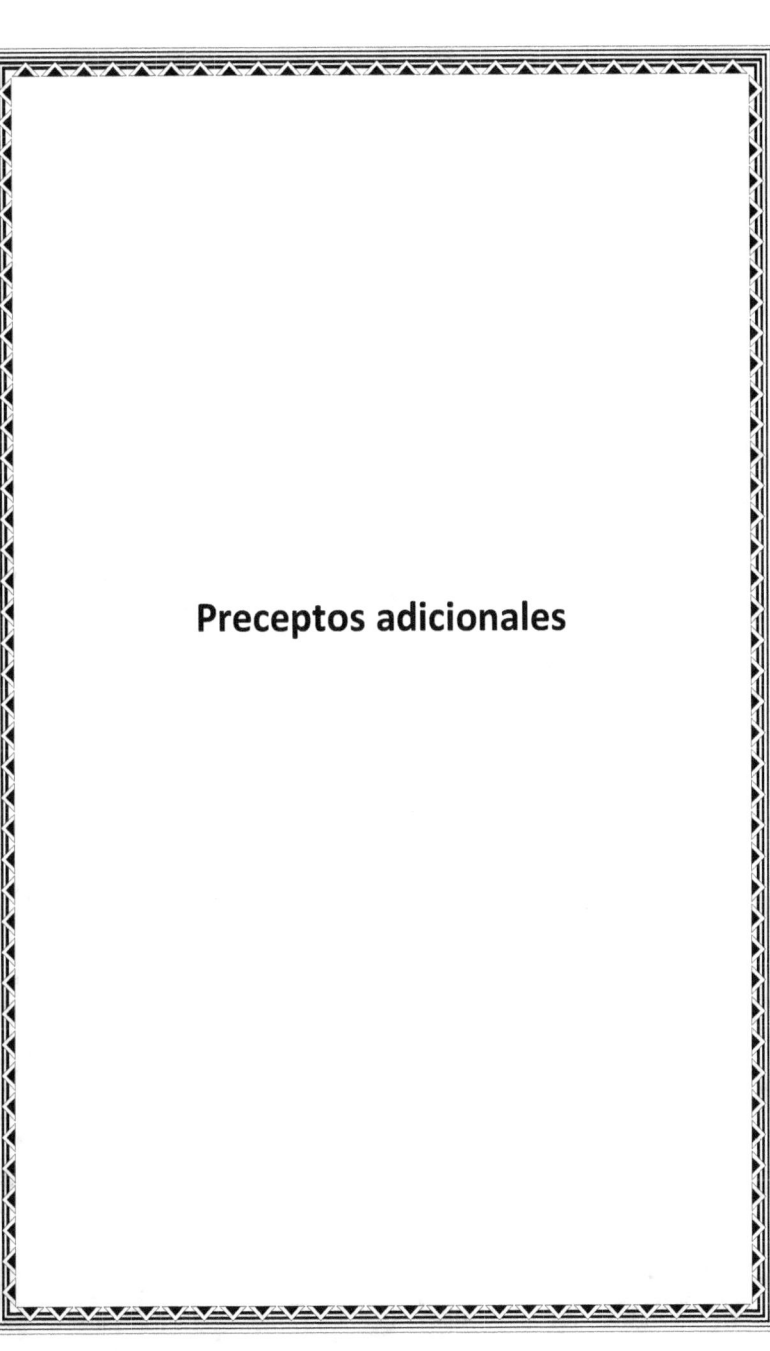

Preceptos adicionales

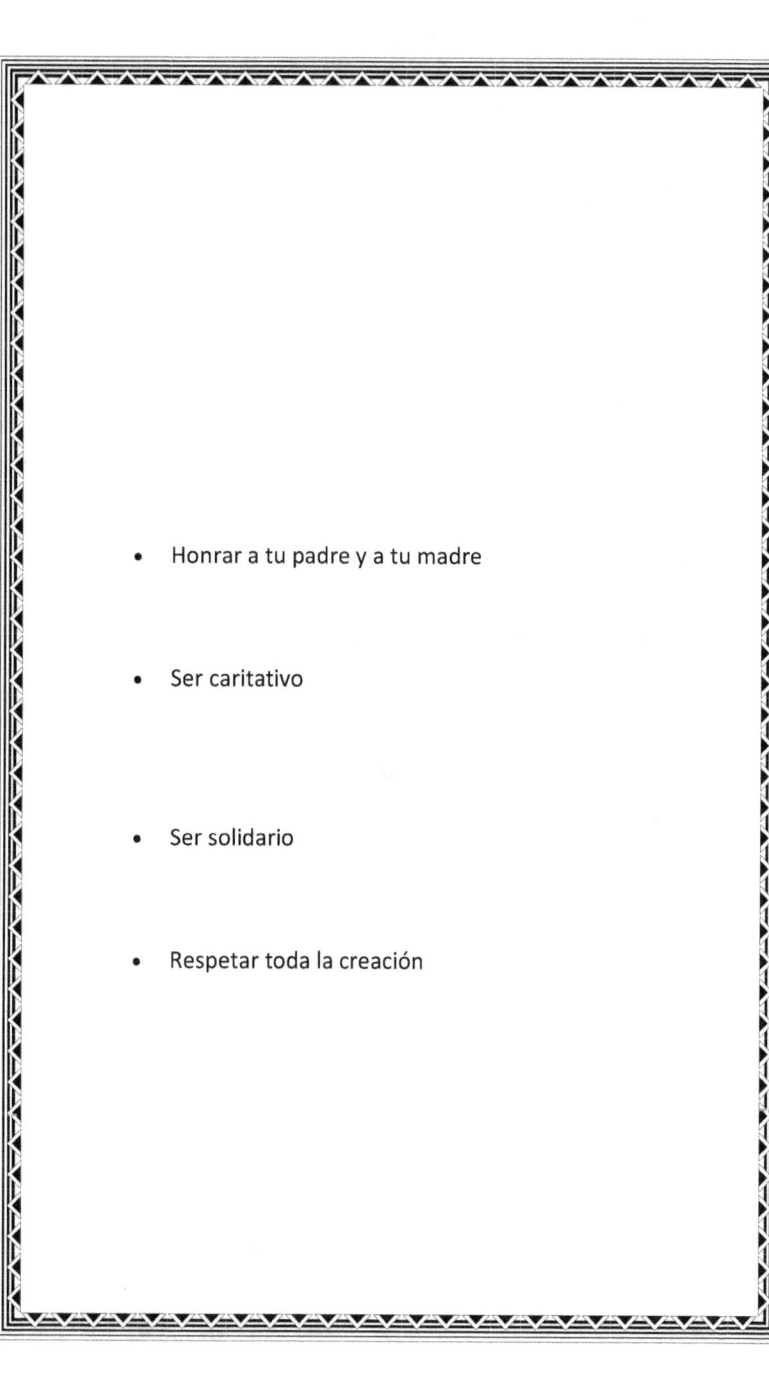

- Honrar a tu padre y a tu madre

- Ser caritativo

- Ser solidario

- Respetar toda la creación

www.ingramcontent.com/pod-product-compliance
Lightning Source LLC
Chambersburg PA
CBHW070521220526
45467CB00002B/776